# L'ESPAGNE

# LA FRANCE ET L'EUROPE

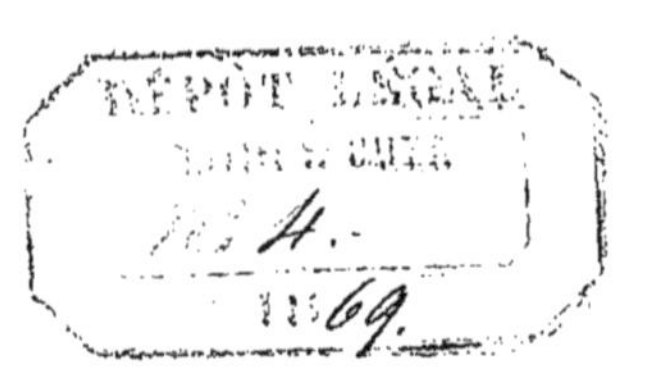

# L'ESPAGNE
# LA FRANCE ET L'EUROPE

Lorsque dans un organe considérable de la publicité on voit énoncer une proposition qui frappe d'absurdité, il faut toujours chercher à pénétrer quel est le but voilé auquel vise celui qui l'a produite. Peu après que la révolution d'Espagne venait d'avoir lieu, il parut dans la presse anglaise différents articles où était mise en avant la candidature du prince Alfred au trône de ce pays. De la part d'un lecteur intelligent, attribuer à ces articles le sens littéral des paroles, serait la lacune de sagacité la plus impardonnable. La candidature du duc d'Edimbourg ne put être considérée, par aucun esprit réfléchi, comme une solution sérieuse du problème que la nation espagnole est appelée à résoudre aujourd'hui. Ceci est tellement clair qu'on se sent porté à penser que les feuilles qui se chargèrent d'en soutenir la convenance ne s'étaient pas fait la moindre illusion à cet égard. J'oserai ajouter qu'elles ne désiraient pas qu'on s'y méprît.

En lisant avec un peu d'attention les réflexions dont le *Morning-Post*, surtout, accompagna l'*apparent ballon d'essai* lancé dans le vaste espace des hypothèses, réflexions où il exposait les avantages que *la science politique* du jeune prince anglais rapporterait à l'Espagne, on reconnaîtra facilement, en effet, cette fine et impertinente ironie, qui est si particulièrement familière au caractère de ce peuple.

Le but, très-sérieux, que nous croyons contenu dans les articles dont nous parlons, a été d'indiquer au gouvernement français, sous la figure transparente d'une analogie de situation facile à saisir, qu'il ne conviendrait pas qu'il permît au cousin de l'Empereur de se poser en candidat à un trône au-

quel, de ce côté-ci de la Manche, il paraîtrait insolite et impraticable d'appeler le fils de la souveraine de la Grande-Bretagne. Ce but, l'intention de ceux qui ont écrit les articles, nous le répétons, fut précisément qu'on le comprît ; et nous pensons qu'il l'a été. Ce fut le désir d'éviter, en en prévenant l'éventualité, l'obligation où se trouverait l'Angleterre de faire d'une candidature napoléonienne l'objet d'une notification officielle d'un *casus belli*. Il n'y a plus d'apparence, extérieure du moins, que cette idée continue d'occuper les esprits.

Pour nous, nous croyons, toutefois, qu'il n'a pas encore cessé d'être opportun d'envisager, avec le calme d'une froide réflexion, les conséquences qu'elle renfermerait, et de développer quelques autres considérations auxquelles elle conduit.

La destruction de l'œuvre de Louis XIV par le testament illégal que l'ambition de deux femmes arracha à Ferdinand VII mourant, a été consommée par l'appui de la Quadruple alliance, et n'eût probablement pas pu subsister sans elle. L'Angleterre veille à ce qu'une union de famille si intime, bien que privée des bases du droit européen reconnu dans le traité d'Utrecht, ne soit pas tentée aujourd'hui. Je dis *tentée*, car elle ne pourrait avoir aucune chance de réussite, et ne ferait qu'ajouter aux difficultés présentes de la situation de l'Espagne une cause de plus de troubles funestes.

Louis-Philippe, en travaillant au renversement de la succession héréditaire masculine, si éminemment utile à la paix des nations et à l'attachement des peuples à la race de ses souverains, trahit, avec le plus immense égoïsme, l'intérêt français, sacrifié à ce qu'il crut être son intérêt personnel et celui de sa dynastie.

Mais le chef d'un Etat n'a pas d'intérêts véritables contraires à ceux de l'Etat.

*L'Etat, ce n'est pas moi* : voilà la pensée de l'usurpateur, et ses actes en sont l'expression. Il sépare de l'intérêt public son intérêt personnel ; et quand il a supputé ce qui est le plus avantageux à l'un et à l'autre, il se décide pour son profit à lui.

Louis-Philippe était illégitimement sur le trône de France, dont après quinze années de conspiration, il avait enfin chassé so…… rent et son bienfaiteur ; et l'existence de la légitimité fut … o… lui, *en tous lieux*, une constante inquiétude, un insuppô… able fantôme. Son trône n'avait d'autre base que l'insurrec…ion, et ne représentait aucun principe.

Ce pri… e se défiait si profondément du vœu national, si la

liberté de l'exprimer eût été laissée aux Français, qu'il ne se contenta pas de s'y soustraire au moment de la révolution, mais il n'osa même pas s'exposer à en donner au moins après coup le vain simulacre, quoique de plusieurs des partis qui divisaient la France il s'élevât de nombreuses voix pour le mettre en demeure de le faire. Rien ne montre avec plus de netteté, aux esprits de bonne foi, qu'il eut la conviction que ce vœu n'aurait pas sanctionné la révolution de 1830. Aucun obstacle ne mettait d'empêchement à la réalisation d'un vote général. Un vaisseau, obéissant à son commandement, avait porté Charles X et sa famille sur le rivage d'Angleterre. La France, non consultée, mais surprise par une révolution subite à laquelle l'autorité dans les mains d'un vieillard n'opposa plus de résistance après les trois journées de barricades, se sentait divisée : nulle part on n'était prêt pour prendre les armes contre les ordres qui étaient expédiés de Paris, les troupes restant sans commandement, ou plutôt avec celui de ne pas agir.

L'habileté si vantée que ses partisans attribuent au roi dont le titre à porter la couronne fut donc le *dépavement* des rues de la capitale, est singulièrement amoindrie quand on examine les circonstances dans lesquelles il prit cette couronne et la manière dont il la perdit. Nous n'abordons pas ici la question de l'absence absolue de droit que la faible majorité d'une Chambre , élue par ses *mandants* sous le règne de Charles X, avait à décréter la déchéance de ce monarque, et à rayer d'un trait de plume une grande fraction de l'autre assemblée dont la majorité fidèle fut renversée par l'effet de cet acte exorbitant : nous ne parlons que de l'*habileté* de Louis-Philippe. Elle le conduisit au naufrage plus vite que l'*inhabileté* proverbiale d'Isabelle elle-même. Il tomba du trône *avant elle*, et en ayant cependant, *comme elle*, jusqu'à sa chute, la majorité dans les deux Chambres. Il tomba, *comme elle*, sous le poids du mépris ; et son gouvernement eut pour nom *le règne de la corruption*. Celui qui écrit ces lignes était à Paris alors, et fut témoin de cette révolution accomplie presque sans lutte ; premier acte des terribles événements de l'année 1848, où les dix-huit ans de ce règne, dissolvant pour tous les principes, avaient amené l'Europe. Les clameurs tumultueuses d'un attroupement menaçant aux abords du palais suffirent à faire crouler le trône que la révolution avait édifié, et qu'elle renversa de même. Ce fut elle qui se chargea, ce jour, de la justice de Dieu. L'usurpateur tomba, et pas un regret ne se manifesta en France. On lui entendit répéter plusieurs fois cette douloureuse exclamation : *comme Charles X !*.......

Non : Dieu ne permit pas que ce fût comme Charles X : Dieu ne permit pas que le sujet félon tombât comme son vieux roi. Il ne suivit pas lentement, à petites journées, le chemin de l'exil, escorté par la fidélité que le manque de commandement et la faiblesse de ce vénérable vieillard rendaient impuissantes : Louis-Philippe, abandonné de tous, cacha sa fuite rapide et honteuse dans une voiture de louage prise sur cette place *de la révolution* où la hache du bourreau avait fait tomber la tête inviolable de Louis XVI, et celle, chargée de crimes, de son propre père, le régicide, Philippe-Egalité.

Pas plus que chez lui, entre les quatre jeunes hommes, ses fils, dont deux étaient à Paris et les deux autres à la tête de la glorieuse armée française en Algérie, il ne s'en trouva un qui, en cette crise suprême, eût le sang-froid ou la capacité d'agir pour sauver ni leur père ni le trône, cet objet si convoité dans la famille d'Orléans !... On sait que l'empressement de mettre à l'abri sa vie, que personne ne menaçait, fut tel chez le duc de Montpensier, qu'il oublia aux Tuileries la duchesse. Un autre que lui la fit sortir par le jardin, la préservant ainsi des dangers plus réels que pouvait courir une jeune femme de la part de la populace exaltée.

Mais ce ne sont pas les faits qui se rapportent à la France dans ce règne néfaste que nous avons l'intention d'examiner. Il s'agit de l'Espagne, et de la politique qu'il convient à notre pays de garder vis-à-vis d'elle. Nous n'avons fait comparaître le souvenir du passé que comme l'avertissement qui doit servir à l'étude des choses présentes, et à guider avec sagesse vers l'avenir. La violation du traité d'Utrecht, ce grand attentat *anti-national* dans lequel Louis-Philippe avait cru trouver un appui, ne le préserva de rien, et contribua plutôt à sa perte après les mariages espagnols. Il causa le malheur, la ruine et la démoralisation de l'Espagne ; mais il n'a apporté aucune utilité à la France. Et c'est sur quoi nous désirons attirer les réflexions.

L'Empire *n'a pas la même origine que le Gouvernement de Juillet : il n'a pas à s'en faire solidaire ou imitateur.* S'il se traînait à la remorque de cette fausse politique, nous croyons que ce serait une des plus fatales erreurs qu'il pût commettre.

L'intérêt de la France est aujourd'hui ce qu'il n'a jamais cessé d'être, celui d'avoir pour voisine, du côté opposé au Rhin, une nation marchant paisiblement dans ses voies natuturelles et régulières, où ne s'alimente pas sans cesse, par des convulsions révolutionnaires devenues pour elle une maladie périodique, un foyer de perturbation inquiétant pour nous.

C'est aussi qu'elle ne soit pas un terrain ouvert à toutes les intrigues de nations rivales, qui exploitent à leur profit, et contre la France, la misère et les faiblesses auxquelles l'Espagne est condamnée par ses interminables querelles intestines et l'insatiable avidité de commandement des hommes qui s'y arrachent, tour à tour, depuis la violation de la loi héréditaire, les richesses et le pouvoir.

L'intérêt de la France est, enfin, qu'il y ait sur le trône de ce pays, un prince en bons rapports avec nous, mais non pas notre dépendant. Il n'y a jamais d'alliance sincère, partant d'alliance forte et utile, si elle entraîne la dépendance d'un peuple ou celle d'un roi. C'est pour avoir voulu trop diriger la politique de l'Espagne que nous nous y sommes aliéné successivement la confiance de tous les partis. Plus on entassera dans les actes diplomatiques ou dans les conseils officieux les clauses qui gêneront la liberté d'une nation et qui porteront le caractère de vouloir l'entraîner dans notre orbite, plus on exaltera les haines qui en naîtront, et les revendications des droits qui sembleront lésés.

Il faut savoir respecter les autres peuples au degré où on prétend leur inspirer la confiance et le respect.

L'Espagne n'est pas un chétif royaume comme la petite Grèce actuelle, la Belgique ou les Principautés danubiennes balancées entre la suzeraineté du Sultan et la protection suspecte du despote du Nord. L'Espagne est un grand et magnifique royaume encore, dont le glorieux passé monarchique, aussi bien que le caractère instinctif de ses habitants l'attache profondément à cette forme de gouvernement, et dont le peuple, toujours fier et jaloux de ses droits, rejette avec horreur l'ingérance étrangère. Poussé hors de ses tendances naturelles par la révolution dont le souffle passe sur la face de la terre, en proie aux factions qu'il a soulevées dans son sein, le peuple Espagnol a pu laisser se commettre en son nom de grandes fautes politiques ; mais il n'accepterait pas du moins celles que d'autres pays voudraient lui dicter. Les candidatures de deux princes appartenant aux familles régnantes en France et en Angleterre, ne rencontreraient pas d'appui dans la volonté des Espagnols : elles n'ont pas d'écho à faire sortir de leurs cœurs patriotiques. Or, on n'impose à un peuple étranger un souverain contre son gré que par la terreur au dedans ou la conquête venue du dehors. Nous n'avons pas à nous occuper de la terreur dont les juntes révolutionnaires ont travaillé sans perdre un jour à frapper la nation, et sous laquelle celle-ci demeurerait accablée si elle laissait subsister leurs actes exorbitants à la place de la liberté promise. Quant à l'autre moyen, le peuple qui, au commencement de ce siècle, soutint la lutte sublime de la guerre de l'indépendance, a prouvé au monde que l'on ne conquiert pas l'Espagne. Personne ne sera tenté d'en recommencer le désastreux essai.

Mais la pensée de présenter pour souverain à cette nation celui qui est à la fois le neveu de Napoléon I$^{er}$ et le cousin de Napoléon III, eût-elle un succès d'un jour (qui est lui-même impossible), elle resterait absolument impuissante à reproduire pour la France, pour l'Espagne et pour l'Europe, ce que leur assurait la royauté de Philippe V.

C'est que l'œuvre de Louis XIV n'a pas été seulement celle de ce grand monarque : il faut reconnaître qu'elle était aussi l'œuvre de Dieu, qui voulut réunir sur la tête des petits-fils du roi de France et de la reine, son épouse, sœur aînée du dernier roi d'Espagne de la maison d'Autriche, des droits égaux à la succession des deux couronnes. Il ne dépend pas aujourd'hui de l'Angleterre ; il ne dépend pas de Napoléon III que le fils de la reine Victoria et le cousin de l'Empereur possèdent ni l'un ni l'autre cette qualité qui fut nécessaire pour que Philippe V allât régner en Espagne. La position est donc entièrement dissemblable. Si ce prince, dont le frère aîné restait à la France, n'eût pas été le représentant du droit héréditaire, Louis XIV n'aurait jamais songé à le placer sur ce trône, prétention que rien n'eût autorisée, et qui n'eût été qu'une insigne folie, ainsi que le fut pour Napoléon I$^{er}$ sa politique lorsqu'il tenta, mais en vain, de fonder la royauté de son frère Joseph. Joseph Bonaparte posa cependant un moment la couronne sur sa tête à Madrid. Il n'y put l'y soutenir. Son règne éphémère dura ce que dure le rôle d'un roi de comédie, qui disparaît quand le rideau est tombé. Le résultat de cette tentative irréalisable fut pour l'Empereur de s'être créé lui-même, au prix d'un flot de sang répandu des deux côtés, à la place d'un voisin qui n'avait lieu de lui causer aucun ombrage, l'ennemi dont la main fut celle d'où partit le premier coup de canon de sa ruine. Cette grande leçon d'histoire ne doit pas être perdue pour notre instruction politique. L'agitation fiévreuse du prince Napoléon est une véritable calamité pour l'Empereur ; elle lui suscite des difficultés superflues qui n'existeraient point sans les rêves ambitieux de cet esprit inquiet.

On a dit du premier Empereur qu'il voulait faire de sa dynastie la plus ancienne de l'Europe : s'il est véritable qu'il en eût conçu la pensée, cette fantaisie lui coûta cher. — Il ne faut pas jouer imprudemment, comme avec une chose légère, avec le droit légitime des nations. On l'oublie trop. Monsieur le prince Napoléon et Monsieur le duc de Montpensier n'ont, ni l'un ni l'autre, aucun motif sensé pour être appelés à occuper des trônes.

La qualité d'étranger n'est pas une recommandation pour régner en Espagne, loin de là. Il ne faut pas prendre ici le change. Ce fut *quoique* Français que Philippe V y monta sur le trône, et *uniquement* parce qu'il était l'héritier légitime de cette couronne. Toute rancune politique s'abaissa devant cette raison supérieure. Jamais, sans cela, les Espagnols n'eussent accepté pour roi le petit-fils de Louis XIV. Nous, Français, ne nous y trompons pas. Ce n'est pas *en vertu* du testament de Charles II qu'il monta sur le trône : le testament d'un roi ne peut créer un droit; il ne saurait servir qu'à le constater. Celui de Charles II eut cet avantage, et fut un acte sage, qui put exercer une influence de conviction sur les esprits de ses sujets. Mais il n'était pas nécessaire, et les droits de son héritier en étaient entièrement indépendants. Les Espagnols gardèrent à Philippe V leur fidélité jusqu'à l'héroïsme ; aucun sacrifice ne coûta aux siens pour affermir sur sa tête cette couronne légitime que l'Europe coalisée s'efforça de lui arracher. Ils ne l'abandonnèrent pas dans sa disgrâce alors même que l'appui de la France leur manqua, et rien n'est plus admirable que la constance dont ils firent foi en cette extrémité. Elle ne trouve d'analogie que dans la guerre que ce même pays soutint pour son indépendance au commencement du siècle. En retraçant cette page si belle de l'histoire, on ne peut se défendre d'un retour saisissant sur la manière dont l'Espagne vient, oubliant le danger même de son anarchie, de saluer avec un enthousiasme de joie presque unanime, la révolution qui l'a délivrée d'un règne *sans droit*.

Aujourd'hui, malgré les déclarations officielles des meneurs de cette révolution et les vociférations de quelques énergumènes de cette lie de la populace qui surgit invariablement dans les moments des troubles civils, des symptômes évidents indiquent qu'il s'opère en Espagne un mouvement fort général des esprits vers le Prince en qui se personnifie le droit héréditaire violé par le testament de Ferdinand VII. La conviction qu'en lui seul existe le moyen de rendre à ce pays l'ordre, la prospérité et la paix gagne chaque jour du terrain par de nouvelles et importantes conversions. L'Angleterre, toujours portée pour ce qui est nuisible à la France, mais qui n'a jamais songé un instant à la candidature d'un de ses princes, aurait vu, sans doute, d'un œil favorable la chimérique intronisation d'un fils de Louis-Philippe. Elle paraît, toutefois, commencer à en sentir elle-même l'absence de pudeur, de motifs plausibles et la difficulté. Quelque manque de respect qu'elle professe pour le droit légitime, elle en accepterait peut-être avec satisfaction le retour en vue de la paix : il ne peut lui offrir d'ombrages justificatifs. Quant aux autres puissances de l'Europe, il est parfaitement certain qu'elles le désirent, si on en excepte la révolutionnaire Italie et le Portugal. Personne, entre les hommes du moins qui possèdent quelques notions sérieuses du vrai terrain diplomatique, ne l'ignore.

Mais, objectera-t-on, ce retour au droit ancien, ce retour, possible en Espagne, à un principe qui a cessé d'exister en France, est-il compatible avec l'empire napoléonien ; et pourrait-il satisfaire les intérêts nouveaux que l'ordre politique actuel de la France a créés ? — Nous sommes amenés à aborder ici un ordre de considérations très élevé :

C'est une erreur fatale, mais hélas très fréquente, de ceux qui gouvernent les peuples, de prétendre faire prévaloir dans les pays étrangers les formes de gouvernement qui existent dans le leur, et qui ont naturellement leur préférence. Chez le chef d'une nation puissante, la pensée que parce qu'un principe est représenté en lui, il lui est utile et nécessaire de détruire ailleurs un principe différent, enfante pour les peuples les périls les plus grands, la haine, la défiance et enfin la guerre. L'Angleterre, cependant, en donne l'exemple, et il ne paraît pas que sa puissance en soit amoindrie. Peut-être serait-elle *agrandie* si elle pratiquait une politique plus large, et qu'en maintenant pour elle-même ses libertés, elle respectât avec sincérité l'indépendance des autres. Mais il faut comprendre qu'elle seule, en Europe, peut jouer ce jeu dangereux *à doubles cartes*, sans être atteinte par ses conséquences. Elle peut impunément, il est vrai, porter la perturbation et jeter la semence du mal dans les autres Etats. Cela n'élève pas son action dans le monde ; mais elle n'en est pas ébranlée. Sa position géographique, qui l'isole au milieu de la mer, fortifiée d'ailleurs par sa redoutable marine, garantit son territoire d'une invasion étrangère, et la protége contre la vindicte qu'un tel rôle entraîne pour les nations du continent quand elles en assument sur elles les dangers. Cette façon de traiter le génie particulier de chaque peuple au régime brutal de ce lit de Procuste politique et intellectuel, blesse profondément, par son insupportable arrogance, la fibre de fierté nationale. Elle ne rend point les hommes propres aux institutions que l'on veut leur *inoculer* contrairement à leurs lois séculaires et à des coutumes qui leur sont chères.

Les alliances des peuples ne reposent pas sur la similitude de leurs institutions, mais sur l'intérêt réciproque qu'ils ont à être unis. Que l'on réfléchisse sur ce qui lie aujourd'hui la

Russie et les Etats-Unis d'Amérique, ces deux natures de gouvernements placés aux extrêmes les plus opposés, desquels on peut dire que ce qui y est différent, c'est tout. Néanmoins c'est là une alliance que tous les efforts des autres pays ne parviendraient jamais à détruire.

L'Espagne n'a besoin, vis-à-vis de la France, que de la possibilité de vivre en paix avec elle sans que la plénitude de son indépendance s'y trouve diminuée. C'est notre faute et non la sienne lorsque cette paix risque d'être troublée. La France s'est beaucoup trop mêlée, et très mal à-propos, dans les affaires intérieures de l'Espagne, pour faire peser sur elle les contre-coups de nos révolutions et de la variabilité de notre politique. Elle l'a rendue ombrageuse, elle aussi, comme les autres puissances de l'Europe, qui le sont toutes aujourd'hui envers nous dans l'appréhension de l'immixtion que la France pourrait encore vouloir y apporter.

Il est facile de comprendre que le neveu du vaincu de Waterloo ait la haine des traités de 1815, et subisse la passion ardente d'en effacer les clauses onéreuses pour la France et blessantes pour lui. Peut-être d'autres moyens que ceux qu'il a choisis lui auraient-ils mieux servi pour y parvenir. Mais il doit réfléchir sur les causes qui firent déclarer dans ces traités que le trône de notre pays ne pourrait pas être occupé par un membre de la famille Bonaparte. Le premier empereur, en rentrant en France après sa défaite de 1814, avait rompu le ban souscrit par lui à deux reprises : lors de son abdication à Fontainebleau et, plus tard, en recevant de l'Europe victorieuse, au lieu de la mort du soldat ou du lent tombeau de Ste-Hélène, le séjour plus clément de l'île d'Elbe. Si l'on se place au point de vue des souverains qu'il avait tous successivement attaqués chez eux et tous vaincus aussi long-temps qu'ils ne formèrent pas, pour leur légitime défense, l'irrésistible alliance de tous contre l'agresseur, la justice exige de reconnaître que la souveraineté nominative de cette petite île, qui épargnait à sa vie privée l'obligation d'obéir à un maître, fut du moins la forme de prison la moins dure qui pût être imposée à l'homme avec la puisssance duquel aucune autre puissance ne pouvait subsister en sécurité. C'est la *conviction* des souverains étrangers, partagée par leurs peuples, de l'impossibilité pour eux de conserver leurs trônes, l'ordre international de l'Europe et l'indépendance de leurs Etats, qui leur fit stipuler qu'un Bonaparte ne régnerait jamais en France ; Napoléon III ne doit pas l'oublier. Les souverains préféraient le principe de la royauté traditionnelle qui est le leur ; mais, eux, n'auraient pas troublé Napoléon I<sup>er</sup>

dans la libre possession de la France, s'ils n'eussent pas désespéré qu'il respectât, hors de nos frontières, la liberté des nations. Cette clause des traités de 1815 est effacée : le neveu est assis sur le trône qu'occupa son oncle, et l'Europe n'y a pas opposé son veto. Il alla au-devant de la crainte que devait réveiller le nom qu'il porte ; il prononça, pour la rassurer à la fois en France et à l'étranger, la phrase célèbre : *l'Empire c'est la paix.* L'Europe en accepta l'heureux augure, et les premières années de son règne parurent justifier la confiance qui lui fut accordée.

Mais depuis les évènements de l'Italie, où l'on a pu supposer que l'Empereur avait eu pour but, non moins que la destruction de l'influence de l'Autriche, la disparution de la carte européenne des souverainetés de la maison de Bourbon bien plutôt que la formation, dangereuse pour nous, de l'unité italienne ; depuis que sa politique de l'autre côté du Rhin eut amené la perturbation de tous les rapports existant entre les souverains de l'Allemagne, l'extrême affaiblissement de l'Autriche et l'absorption des petits Etats au profit de la Prusse, sa rivale, il n'y a plus de doute à en concevoir, nous sommes redevenus pour l'Europe un sujet d'effroi. Sous une politique moins violente, on a cru discerner les mêmes tendances de domination que sous le premier empire. Voilà, sur les dispositions des esprits en Europe, le fait vrai, existant, évident, sur lequel il importe et *il est heure* de ne conserver aucune illusion. Pour nous donner une force auxiliaire contre la coalition qui pourrait se former contre nous, nous avons fait jouer un ressort dangereux en favorisant les idées révolutionnaires dans les autres pays, et en y excitant d'une manière plus ou moins directe et intentionnelle, mais enfin très effective, les classes inférieures contre l'état social existant. Mais il faut bien s'apercevoir, à présent, que le sentiment national a prévalu chez ces peuples sur tout autre, quelque entraînement que présente aux déshérités de la fortune l'idée des bouleversements de la société civile. L'Allemagne se serre contre la Prusse en dépit de l'injustice immense de cette puissance et du ressentiment qu'elle a allumé dans les petits Etats, où il subsiste depuis leur inféodation à son sceptre. Et un fait qui dépasse celui-là en singularité, c'est que la conscience du roi Guillaume, plus sincère que l'énormité de ses actes ne semblerait permettre de l'admettre, a eu besoin de se justifier à elle-même ses usurpations pour être amenée à consentir à les commettre. Il lui a fallu se dire que l'indépendance de la patrie allemande, dont il était le gardien, exigeait de lui qu'il constituât son unité, puisque c'était lui qui, seul des confédérés, avait la force de la réaliser. Ce n'est pas avec insouciance qu'il a violé tout ce qui était légitime. Il l'a fait avec la ferme pensée qu'il accomplissait son devoir de roi de Prusse et de prince allemand. Depuis qu'il est usurpateur, cette conscience, loyale d'abord, s'est façonnée à professer le faux et l'injuste, et elle a largement revêtu tout le cynisme politique qui est propre aux usurpateurs : nous parlions seulement de ce qui l'a déterminé à le devenir.

Les Etats annexés malgré eux lui ont pardonné leur asservisssement, parce qu'il existe entre l'oppresseur et les opprimés un point commun : la *conviction* que l'unification de l'Allemagne était le seul moyen d'échapper à l'envahissante domination de la France dont ils se croient menacés par les projets d'agrandissement qu'on attribue à la politique impériale de vouloir tenter sur le Rhin. Que ce soit une chimère, nous ne le disputons pas : mais cette crainte, plus que la victoire de la Prusse, les a poussés à s'abîmer dans l'attraction de cet astre nouveau. Les faibles s'abritent sous la protection de l'épée victorieuse de Sadowa.

L'Autriche, accablée, se résigne au rôle d'effacement que la grandeur de ses désastres lui impose. Son espoir est que les évènements dont l'horizon politique est chargé, lui laissent le temps de panser ses blesssures et de recouvrer assez de vie pour être en état de maintenir sa neutralité. Elle s'efforce, à tout prix, d'en attarder l'heure inévitable, et oublie trop la cause première de ses malheurs. Cette conduite, peu élevée, à laquelle l'Autriche se courbe, lui est peut-être favorable auprès de la Cour des Tuileries ; mais elle est considérée de mauvais œil à l'autre bord.du Rhin, et elle est loin de l'aider à regagner l'influence qu'elle a perdue sur ses anciens confédérés. Minée de tous côtés par les conséquences de ses défaites, et par le poison des idées révolutionnaires qui s'est infiltré sans y avoir laissé presque rien d'intact dans chacune des provinces de cette monarchie déchirée en lambeaux, l'Autriche est aujourd'hui réduite à l'impuissance. Et, toutefois, elle impose encore le respect : il n'est pas de cœur droit et honnête qui, à la vue même de ses douloureuses défaillances, ne s'incline avec une profonde sympathie devant ses malheurs immérités, et qui n'aspire à voir cet antique empire se relever de l'état de prostration où il est tombé.

La maxime de *diviser pour régner*, a donc donné pour résultat à notre pays diamétralement le contraire du but qu'on avait cru atteindre. Elle a réuni sous le même sceptre, en une indivisibilité guerrière très menaçante, des Etats qui formaient auparavant une fédération essentiellement pacifique. Cette situation, que la politique impériale a faite, qu'elle pouvait ne pas faire, mais, enfin, qui existe, est ce qui rend inévitable la formation des grandes armées, écrasantes pour tous les peuples, ruineuses pour l'industrie, le commerce et l'agriculture, les trois branches les plus importantes de la richesse publique, et qui paralysent sous le militarisme les forces intellectuelles des nations et l'élan de leurs progrès, malgré les admirables découvertes qui livrent à l'application des générations nouvelles le trésor toujours accru des connaissances humaines.

La France aujourd'hui n'a plus un seul allié sur qui elle puisse compter en cas d'une conflagration générale : elle demeure dans son isolement, et elle y demeure en étant pour les autres pays un objet *de crainte*..... La vérité nous permettrait d'employer une expression plus dure ; nous ne voulons pas la prononcer.

La France, qui est indubitablement la première puissance du vieux continent, est plus faible que la coalition de toutes les autres. Cette coalition est-elle ou non en voie de se reformer ? Pour nous, nous craignons qu'elle ne soit reformée.

La France est dans une situation d'une extrême gravité.

C'est à dissiper les fatales appréhensions si générales que nous venons de signaler, auxquelles l'expédition du Mexique — nous n'avons pas méconnu la grande pensée qu'elle renfermait — ne fit qu'apporter un nouvel aliment, que doit consister la politique du gouvernement français vis-à-vis des Etats de l'Europe, rejetant loin de lui de mesquines rancunes, et s'inspirant des véritables intérêts conservateurs nécessaires aux bons rapports réciproques des nations.

Toute autre politique que celle-là sera inefficace, étroite et détestée.

Il faut que la France donne au monde, dont elle a causé l'ébranlement, le gage qu'elle ne veut être ni l'instrument ni l'inspirateur des révolutions dans d'autres pays. Quel que soit le souverain qui règne à Paris, celui qui ne pourra pas, ou qui ne voudra pas donner cette garantie à l'Europe, sera regardé par elle comme un obstacle et un mal : il s'appellera *la guerre* et non la paix ; et soit que, selon les circonstances, il y ait action ouverte ou cachée à son égard, il sera mis à son ban comme l'ennemi public. L'Europe est lassée de servir d'enjeu à la Révolution.

Lorsque Napoléon Ier fit enlever sur le territoire étranger, au mépris du droit des gens, le jeune duc d'Enghien, et le fit fusiller dans les fossés de Vincennes, on prétendit qu'il avait voulu donner un *gage* à la révolution. Eh! bien, il faut donc que le neveu de celui qui viola ainsi le droit des nations, il faut que le neveu de celui qui, quelques années plus tard, prépara l'enlèvement de Ferdinand VII à Bayonne, emprisonna le Pape et alla porter jusqu'au milieu des glaces de la Russie les effroyables conséquences de son insatiable ambition, donne à son tour, *mais à l'Europe monarchique*, un gage. Il faut qu'il lui en donne un, sérieux et équitable, en faveur d'une paix durable; un gage conforme à la véritable sagesse internationale, et plus valable que les vaines promesses auxquelles on ne croit plus.

Il ne s'agit point ici de l'affaiblissement des moyens de défense de la France par la réduction de l'armée. La réduction de l'armée en présence des formidables armements et des dispositions des autres puissances, serait aujourd'hui la plus extrême imprudence, et une invitation à l'Europe pour tenter de nouveau de nous envahir. Elle mériterait à bon droit d'être qualifiée de trahison envers notre pays.

Partant donc de l'état de choses politique où l'on est arrivé, et des récents événements qui ont renversé dans un pays voisin un trône sans racines, auquel il n'a été substitué qu'une anarchie non moins révolutionnaire, l'acte qui plus que tout autre serait de nature à ramener à nous quelque degré de confiance de la part de l'Europe, serait la haute déclaration que loin d'avoir aucune vue de domination en Espagne, le désir sincère de la France est de voir le Roi légitime de ce pays y monter sur le trône; qu'aux yeux de Napoléon III lui-même, il n'y a pas d'autre bonne solution à donner à la confusion qui a succédé à un règne misérable, incessamment asservi à toutes les révoltes; que respectant la libre indépendance d'une nation amie dont il est résolu à ne pas enfreindre le droit incontestable de régler par elle-même, sans ingérance étrangère, ses propres affaires, il se croit néanmoins permis de lui en donner ouvertement, à la face du monde et de tous les partis, le conseil sincère, sans hésitation, sans retour et sans crainte.

Il n'est point d'homme, si habile qu'il soit, qui ne commette des fautes. Dieu seul est à l'abri de l'erreur, et une telle perfection n'est pas ici-bas le lot de notre fragile humanité. La politique impériale a fait une faute immense lorsque par la conduite qu'elle a suivie dans les événements de l'Italie, elle a favorisé le renversement des gouvernements légitimes. La domination autrichienne pouvait en être exclue sans qu'un semblable résultat y fût aucunement nécessaire. Les Etats vénitiens, sur lesquels personne n'eut jamais droit depuis la chute de la République, pouvaient facilement être rendus à eux-mêmes, et eussent retrouvé avec joie leur glorieuse autonomie qu'ils auraient reconstituée dans la force d'une nouvelle jeunesse par des institutions plus en harmonie avec les idées de notre siècle. L'Italie fédérative, au lieu de nous être hostile comme l'est l'Italie unitaire, aurait cherché dans la loyale protection de la France le ferme appui de sa paisible stabilité. Elle lui aurait apporté une alliance sincère, que n'aurait pas troublée l'odieux dessein d'arracher au Souverain Pontife le petit État qui garantit la liberté de l'Eglise catholique.

Mais, si nul n'est exempt d'erreurs, c'est le propre des esprits supérieurs de savoir les reconnaître, sinon de les avouer devant le public, ce qu'il existe souvent pour un gouvernement des motifs graves de ne pas faire ; c'est aussi de n'y pas retomber.

Au-delà des Pyrénées, la situation n'est pas la même, d'ailleurs, que celle de l'Italie, où les conquêtes révolutionnaires de la République française et du premier Empire napoléonien avaient conduit à l'occupation autrichienne. Le joug de l'Autriche pesa, depuis lors, sur les petites souverainetés italiennes, à la fois pour y contenir les ferments d'agitation constamment excités par les sociétés secrètes du carbonarisme, et pour y neutraliser l'influence française. Il y était assurément une pression regrettable pour leur indépendance. Il y avait donc là un motif qui, s'il ne justifie aucunement les usurpations éhontées de Victor-Emmanuel, rendit explicable l'intervention française comme contrepoids de celle de l'Autriche. Elle ne donnait cependant ni droit ni avantage pour la France à y protéger le bouleversement de toutes les bases du droit européen.

Mais il n'y a pas de domination étrangère à l'Espagne en Espagne. La révolution qui priva ce pays de son souverain légitime à la mort de Ferdinand VII et détruisit la loi tutélaire de succession, seule propre par sa fixité dans la même race à refréner les convoitises étrangères, ne fut pas l'œuvre de Napoléon III, et il n'y a pas pour lui de cause d'en regretter la chute. Le régime institué grâce à l'appui de Louis-Philippe d'Orléans et de l'Angleterre, n'avait donné pour fruit de son illégalité que la guerre civile, la ruine publique, la haine entre les fils d'une même patrie, et les changements perpétuels de gouvernements par des révolutions de palais et de caserne. Cet état de désordre permanent dans un pays si voisin, n'est pas désirable pour nous, et nous ne devons pas aspirer à ce qu'il se reproduise par l'intrusion de quelqu'autre royauté subreptice, qui serait frappée dès son berceau de la même caducité. Les troubles de l'Espagne ne peuvent trouver de remède réel que dans le retour à sa loi nationale. Rappelant une parole justement célèbre, reconnaissons loyalement qu'en dehors du règne de Charles VII, « *tout le reste n'est qu'une intrigue.* »

L'auteur de cet écrit n'appartient pas au parti qui domine en France. Il ne lui a pas apporté son concours, soit pour la nomination du président de la République, soit quand il fut demandé aux Français, par le prince Louis-Napoléon, de l'autoriser à présenter une constitution nouvelle à son acceptation; soit, enfin, lorsque la nation fut appelée ensuite à déclarer son choix entre le projet de constitution impériale et le maintien de la République. Il n'a pas changé d'opinion; et sa voix en est d'autant plus impartialement désintéressée lorsqu'il exprime, avec une sincérité exclusive de toute réticence, ce qu'il croit que devrait être la politique du gouvernement de son pays.

Actuellement, notre patrie se trouve en présence de l'éventualité d'une guerre de coalition des puissances européennes d'un côté, en demeurant seule de l'autre. En cette situation où peu importera, pour le fond des choses, de quelle part sera tiré le premier coup de canon, nous croyons que notre devoir est de porter tous nos efforts pour détourner de dessus notre pays la réalisation d'une calamité aussi funeste, qui aurait, très probablement cette fois pour issue son *démembrement* et la ruine de la ville qui a paru être posée, aux yeux de l'étranger comme la capitale du monde. On sait que le projet de partage de notre pays exista en 1815. La royauté de Louis XVIII fut ce qui en arrêta l'exécution. Le représentant de la royauté séculaire s'interposa entre la France et ses vainqueurs, et sa voix fut respectée. Mais on ne refrène pas à deux reprises un semblable plan. Si, ce qu'à Dieu ne plaise, les armées coalisées entraient triomphantes sur notre territoire, la France — la France trop redoutable, — serait démembrée. Et ce serait cette Prusse fortifiée, grâce à l'abandon de notre politique traditionnelle, qui se montrerait la plus âpre à opérer notre déchéance comme grande puissance : le traité de Tilsitt servirait de base pour les clauses de la paix à octroyer.

Nous le déclarons sans ambages au moment où nous donnons cet écrit à la publicité : nous croyons que *le mot d'ordre pour certaine éventualité est de livrer la papauté à l'Unité italienne; la France au partage, avec le règne incolore du comte de Paris sur un Paris détruit; et l'Espagne, pour prix de la trahison, au duc de Montpensier.* Les princes d'Orléans acceptent la perspective des trônes à toutes conditions : On le sait et on y compte.

**MARIUS.**

Si l'on trouve que cet écrit est fait pour effrayer, l'auteur répondra que, dans son intention, il est fait pour préserver, et qu'il ne convient pas à un peuple viril de se fermer les yeux devant le danger, de peur de l'apercevoir, mais qu'il doit au contraire regarder en face le précipice plutôt que d'y tomber.

Imp. Lecesne, à Blois.

www.ingramcontent.com/pod-product-compliance
Ingram Content Group UK Ltd.
Pitfield, Milton Keynes, MK11 3LW, UK
UKHW020915140726
13695UKWH00006B/2536